LE

MARIAGE DES PRÊTRES

DEVANT

LA LOI CIVILE

PAR

ARMAND LODS

DOCTEUR EN DROIT

PARIS

ERNEST THORIN, ÉDITEUR

Libraire du Collège de France, de l'École normale supérieure,
des Écoles françaises d'Athènes et de Rome

7, RUE DE MÉDICIS, 7

—

1888

LE

MARIAGE DES PRÊTRES

DEVANT

LA LOI CIVILE

PAR

ARMAND LODS

DOCTEUR EN DROIT

PARIS

ERNEST THORIN, ÉDITEUR

**Libraire du Collège de France, de l'École normale supérieure,
des Écoles françaises d'Athènes et de Rome**

7, RUE DE MÉDICIS, 7

—

1888

DU MÊME AUTEUR :

De la vente à réméré, précédé d'une étude sur la *Lex commissoria*. 1879. In-8°, Paris, Thorin. . . . . 4 »

Des Causes de rescision de l'acceptation des successions. 1878. In-8°. Paris, Thorin. . . . . 1 »

Du Partage provisionnel. 1880. In-8°. Paris, Thorin. . . . . 1 »

Des Soutiens de famille. 1882. In-8°. Paris, Thorin. . . . . 1 »

Étude juridique sur la réorganisation administrative de l'Eglise de la Confession d'Augsbourg. 1884. In-8°. Paris, Fischbacher. . . . . (*épuisé*)

Des Rapports des Fabriques et des Conseils presbytéraux avec les communes, d'après la loi du 5 avril 1884. 1885. In-8°. Paris, Thorin. . 1 »

Des Dons et Legs en faveur des Conseils presbytéraux et des Consistoires. 1885. In-8°. Paris, Fischbacher. . . . . 1 »

De la Consécration au ministère évangélique. Étude critique de la circulaire du 28 mai 1885. 1885. In-8°. Paris, Grassart. . . . . » 75

Étude sur l'Organisation de l'Eglise réformée. 1886. In-8°. Paris, Grassart. . . . . » 75

Les Presbytères et l'indemnité de logement due aux pasteurs. 1887. In-8°. Paris, Fischbacher. . . . . » 75

Les Partisans et les Adversaires de l'Edit de Tolérance (1750-1789). 1887. In-8°. Paris, Fischbacher. 1 50

La Législation des Cultes protestants (1787-1887), avec une Préface par E. de Pressensé, sénateur. 1887. In-8°. Paris, Grassart. . . . . . 5 »

Un Chapitre de l'Histoire de la Caricature politique en France. André Gill, sa vie, son œuvre. 1887. In-12, avec planches. Paris, Vanier. . . 3 50

SOUS PRESSE :

Un Conventionnel en mission : *Bernard de Saintes et la réunion de la principauté de Montbéliard à la France*, avec un portrait de Bernard, par Louis David. 1888. In-8°. Paris, Fischbacher.

En préparation, pour paraître en 1889 :

Rabaut de Saint-Etienne, *Histoire du Protestantisme sous la Révolution (1787-1802).*

LE

MARIAGE DES PRÊTRES DEVANT LA LOI CIVILE

La question du mariage des prêtres, débattue depuis des siècles, a été tranchée par le code civil. Etablissant une sage et légitime séparation entre les pouvoirs de l'Etat et ceux de l'Eglise, le législateur de 1804 a retracé les conditions requises pour contracter mariage, en affirmant que si les ministres de la religion peuvent et doivent veiller sur la sainteté du sacrement, la puissance civile est seule en droit de veiller sur la validité du contrat (1).

C'est donc la puissance civile qui seule, sans avoir égard aux anciens canons, a réglementé le mariage *contrat civil*, c'est aussi à ce seul point de vue que les tribunaux et les cours avaient à le considérer et à l'apprécier quand un débat s'élevait sur la validité du mariage d'un prêtre qui avait renoncé à ses fonctions dans l'Eglise romaine.

Problème fort simple à résoudre, puisque l'ordination du prêtre n'est mentionnée par le code, ni parmi les empêchements prohibitifs, ni parmi les empêchements dirimants. Problème qui s'est compliqué, parce qu'une certaine école, continuant à raisonner comme si la législation tout entière n'avait pas été sécularisée, a soutenu que le premier Consul, dans son traité de réconcialition avec le pape, avait rendu force obligatoire à ce canon du concile de Trente qui portait anathème contre toute personne assez osée pour prétendre qu'un prêtre a le droit, contrairement à la discipline ecclésiastique, de contracter un mariage valable.

(1) Rapport fait au conseil d'Etat sur les articles organiques par Portalis. *Recueil général du droit civil ecclésiastique*, par de Champeaux, tome II, p. 62.

Nous devons le reconnaître, cette dernière doctrine a prévalu dans les diverses cours, et la Chambre des requêtes a toujours rejeté les pourvois formés contre de tels arrêts. En 1833 (1), en 1847 (2), s'appuyant sur les articles 6 et 26 de la loi du 18 germinal an X, la Cour de cassation décide : « que les prêtres catholiques sont soumis aux canons, qui étaient alors reçus en France, et par conséquent à ceux qui prohibaient le mariage à l'homme engagé dans les ordres sacrés, » et complétant, ou plutôt modifiant le code civil, elle met le sacerdoce au nombre des empêchements prohibitifs.

En 1878 (3), après un éloquent réquisitoire de M. Robinet de Cléry, qui parla en canoniste plutôt qu'en jurisconsulte, prononçant anathème contre le divorce et contre toutes les lois civiles opposées aux décisions des divers conciles, la Chambre des requêtes est allée plus loin encore, elle a ajouté une simple phrase aux arrêts de 1833 et de 1847, elle a proclamé que les canons toujours en vigueur déclaraient nuls les mariages contractés au mépris de leur prohibition, et, d'un coup, elle a transformé la prêtrise en un empêchement dirimant.

Le prêtre qui avait contracté mariage devant un officier de l'état civil, après avoir rempli toutes les formalités légales, était considéré, par cette jurisprudence de 1878, comme vivant en concubinage; ses enfants étaient des bâtards, et il suffisait d'un procès intenté par des collatéraux avides pour priver ceux-ci de la succession de leurs parents.

C'est un semblable procès qui fut récemment intenté à l'abbé Sterlin. Ordonné prêtre en 1862, il s'était engagé, comme aumônier militaire, pendant la campagne de 1870 : il fut cité deux fois à l'ordre du jour de l'armée. Rentré dans sa paroisse, il eut des difficultés avec son évêque, donna sa démission et épousa, en Angleterre, Mlle Houpin. Elle mourut, laissant deux enfants, et, plus tard, au moment du décès de M. Houpin père, les collatéraux, dans le but de recueillir l'intégralité de la succession, contestèrent à leurs neveux la qualité d'enfants légitimes, soutenant que le mariage contracté par l'abbé Sterlin était nul.

(1) Arrêt, Req. Rej., 21 février 1833. D., 33. 1. 124.
(2) Arrêt, Req. Rej., 23 février 1847. D., 47. 1. 129.
(3) Arrêt, Req. Rej., 26 février 1848. D., 78. 1. 118.

Le tribunal de Clermont admit cette prétention : la cour d'Amiens réforma ce jugement, reconnut au contraire la validité du mariage, et la chambre civile de la Cour de cassation, ayant pour la première fois à se prononcer sur cette intéressante question, confirma la doctrine de la cour d'Amiens par un arrêt du 25 janvier 1888, ainsi conçu :

La Cour,

Ouï le conseiller Merville en son rapport, Mes Sabatier et Gauthier en leurs plaidoiries, et les conclusions conformes de M. le procureur général Ronjat;

Statuant sur l'unique moyen de cassation ;

Attendu que le mariage est permis à toute personne à qui la loi ne l'interdit pas, et qu'il n'existe, ni dans le code civil ni ailleurs, aucune loi qui l'interdise au prêtre catholique au regard de l'autorité civile; que ce qui est vrai, c'est que l'interdiction dont s'agit se rencontrant dans les canons de l'Eglise reçus en France, et la loi du 18 germinal an X ayant admis ces mêmes canons comme règle des rapports entre l'Eglise et l'Etat, il en résulte qu'un prêtre catholique ne peut contracter mariage, non seulement sans avoir encouru les peines spirituelles que croira devoir prononcer contre lui l'autorité ecclésiastique, mais encore sans perdre, dans l'ordre civil, les droits, traitements et prérogatives attachés aux fonctions dont l'exercice lui aura été régulièrement interdit;

Attendu que là se bornent les effets de la loi de germinal qui, suivant son intitulé, n'est relative qu'à l'organisation des cultes, et nullement à l'état civil des personnes; qu'elle s'applique donc seulement aux prêtres en tant que ceux-ci restent prêtres et sont maintenus comme tels ; mais qu'ils ne sont pas pour cela dépouillés de leurs droits d'homme et de citoyen, lesquels se retrouvent intacts le jour où ils sortent du ministère ecclésiastique pour rentrer dans le droit commun ;

Attendu que la volonté de ne pas subordonner la validité du mariage à l'observation des prescriptions purement ecclésiastiques, et de n'admettre d'autres causes de nullité que celles limitativement prévues par les lois civiles, a été, soit à l'occasion de la loi de germinal, soit lors de la discussion du code civil, exprimée par les organes officiels du gouvernement ou du tribunat en termes si formels, qu'il est impossible de mettre de côté ces affirmations sans contredire les règles universellement admises pour l'interprétation des lois ;

Qu'en présence d'explications si précises, soit sur la portée restreinte de la consécration des canons qui prohibent le mariage des prêtres catholiques, soit sur les principes qui ont inspiré la rédaction du code civil, il n'y a nul compte à tenir des ordres donnés plus tard à certains officiers de l'état civil, ordres dont le caractère purement arbitraire était reconnu par ceux-là mêmes de qui ils émanaient ;

D'où il suit qu'en repoussant la demande en nullité du mariage des époux Sterlin, la cour d'Amiens a exactement appliqué la loi,

Rejette...

La jurisprudence ancienne est renversée, faisant abstraction de toute considération politique et religieuse, ne consultant et n'appliquant que la loi, la Cour suprême a pour toujours condamné cette théorie, qui s'inspirait de l'ancien droit en torturant le texte et l'esprit du Concordat.

Examinons successivement les motifs de ce remarquable arrêt ; nous aurons ainsi réfuté les arguments de la doctrine que nous combattons.

Egalité de tous devant la loi, jouissance pour tous des droits civils, tels sont les grands principes de notre législation. Le droit de contracter mariage, c'est-à-dire de fonder une famille, n'est-il pas le droit primordial ? Pour en dépouiller quelqu'un, pour infliger à un citoyen la peine du célibat, un texte clair, et une défense sur laquelle ne puissent s'élever ni doute, ni hésitation, sont nécessaires et indispensables.

Cette prohibition est contenue, répondent nos adversaires, dans les articles 6 et 26 de la loi du 18 germinal an X. Il est, en premier lieu, assez étrange qu'on invoque, pour restreindre les droits du pouvoir civil, les articles organiques contre lesquels Rome a toujours protesté, et qui ont été promulgués sans l'adhésion du pape. Loin de sauvegarder le dogme religieux, ils sont empreints de cette volonté bien résolue du premier Consul, de dominer et d'assujettir la puissance ecclésiastique. Ils s'occupent surtout de la police intérieure des cultes, rendant les évêques et les prêtres justiciables du Conseil d'Etat ; mais citons les termes mêmes de ces articles :

Art. 6. — Il y aura recours au conseil d'Etat dans tous les cas d'abus de la part des supérieurs et autres personnes ecclésiastiques. Les cas d'abus sont : l'usurpation ou l'excès de pouvoir; la contravention aux lois et règlements de la République; l'infraction des règles consacrées par les canons reçus en France; l'attentat aux libertés, franchises et coutumes de l'Eglise gallicane et toute entreprise ou tout procédé qui, dans l'exercice du culte, peut compromettre l'honneur des citoyens, troubler arbitrairement leur conscience, dégénérer contre eux en oppression ou en injure ou en scandale public.

Art. 26. — Ils ne pourront ordonner aucun ecclésiastique s'il ne justifie d'une propriété produisant au moins un revenu annuel de 300 francs, s'il n'a atteint l'âge de vingt-cinq ans, et s'il ne réunit les qualités requises par les canons reçus en France (1).

Le premier (art. 6) règle le recours au conseil d'Etat dans tous les cas d'abus ; le second (art. 26) a trait à l'ordination des prêtres ; tous les deux sont étrangers à la question qui nous occupe, puisqu'ils envisagent le prêtre dans ses fonctions sacerdotales, sans régler sa situation lorsqu'il a abandonné l'autel.

(1) Reverchon, *Projet de code ecclésiastique*, pp. 6-10.

Aucun doute ne peut exister en présence des travaux préparatoires de cette loi. Dans son rapport au conseil d'Etat, Portalis revendique, pour le pouvoir civil, le droit de régler seul ce qui touche à la législation du mariage : le droit de régler les mariages est pour la société d'une nécessité absolue et indispensable : c'est un droit essentiel et inhérent à tout gouvernement bien ordonné (1). Puis, dans son discours au corps législatif, examinant les inconvénients qui peuvent résulter du célibat des prêtres, il constate que le célibat est ordonné par les règlements ecclésiastiques et affirme, — ce sont ses propres paroles, — que la défense qui leur est faite du mariage par ces règlements n'est point consacrée comme un empêchement dirimant dans l'ordre civil (2).

S'armant de ces dernières paroles, un certain nombre de jurisconsultes adoptent une théorie mixte et soutiennent que la prêtrise n'est point un empêchement dirimant, mais un empêchement prohibitif (3). C'est un manque de logique : ou le mariage des prêtres est permis ou il est nul. Les empêchements dirimants ont leur source dans l'*incapacité personnelle* d'un des contractants : telle est bien la *qualité du prêtre* ; tandis que l'empêchement prohibitif suppose des personnes capables qui n'ont pas accompli les formalités requises par la loi. La Cour de cassation était donc rationnelle quand elle rendait l'arrêt de 1878; mais elle avait le tort de s'appuyer sur des canons qui n'atteignent plus un prêtre après sa sortie des ordres.

Mais, objecte Marcadé (4), cette obligation que le candidat au sacerdoce contracte librement et en majorité, est bien certainement admise par nos lois, conformément à l'article 1134 du code civil, elle tient *lieu de loi* à ceux qui les ont faites, *comme toutes les conventions légalement formées.* Si vous abaissez le sacrement de l'ordination à un simple engagement civil, répondrons-nous, vous devez lui appliquer l'article 1142 et accorder à l'évêque une action en dommages-intérêts devant les tribunaux, contre le prêtre qui déserte le sanctuaire. Vous devez rechercher quelle est la nature de ce contrat, et vous serez forcé de reconnaître qu'il a une

(1) De Champeaux, *loc. cit.*, p. 62.

(2) Discours de Portalis devant le corps législatif (15 germinal an X, 5 avril 1802). De Champeaux, *loc. cit.*, p. 101.

(3) Consultez : Aubry et Rau, *Cours de droit civil*, tome V, § 464, p. 95. Demante, *Cours analytique de code civil*, tome I, 225 bis; II, p. 322.

(4) Marcadé, *Code civil.* Appendice au titre du mariage, tome II, p. 51.

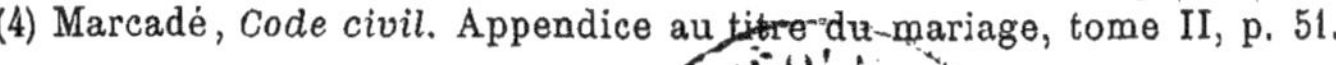

analogie frappante avec le louage de services, et vous souvenir que l'article 1780 du code civil est ainsi conçu : On ne peut engager ses services qu'à temps. Lorsque le prêtre a été ordonné, il a reçu une empreinte indélébile dans l'ordre spirituel : « *Tu es prêtre pour l'éternité* (1); » mais il n'a point contracté vis-à-vis de l'Etat l'engagement de ne point se marier, selon la belle expression de Demolombe, « *il a fait un vœu, il n'a pas fait un contrat* (2). »

Ne serait-il pas illogique de donner une sanction civile aux canons de l'Eglise dans l'hypothèse du mariage d'un ecclésiastique, et d'admettre en même temps la validité de certains mariages en ligne collatérale, prohibés par ces mêmes canons, et d'autoriser aussi le divorce proscrit par l'Eglise?

Nous aurions compris l'ardeur que certains jurisconsultes ont mise à combattre en faveur de la nullité du mariage des ecclésiastiques, si ce célibat était un des dogmes fondamentaux de la religion catholique; mais tout le monde est d'accord pour reconnaître qu'il s'agit d'une simple règle de discipline, imposée quatre siècles après l'établissement du christianisme. Plusieurs apôtres étaient mariés (3); saint Paul, dans l'épître à Timothée, suppose que les évêques sont mariés, lorsqu'il dit : Il faut que l'évêque soit irrépréhensible, mari d'une seule femme... gouvernant bien sa propre maison, tenant ses enfants dans la soumission, en toute honnêteté (4). Il recommande aussi à Tite d'établir des prêtres dans chaque ville et de les choisir parmi les hommes irrépréhensibles, maris d'une seule femme, ayant des enfants fidèles (5). Le même apôtre, il est vrai, dans l'épître aux Corinthiens, considère le célibat et la virginité comme un état supérieur, plus parfait et plus saint, mais il ajoute immédiatement : il vaut mieux se marier que de brûler (6).

Pendant plusieurs siècles, évêques, prêtres contractèrent mariage; la question fut posée pour la première fois au concile

(1) Hébreux, VII, 17.

(2) Demolombe, *Traité du mariage*, tome I, § 131, p. 200.

(3) « N'avons-nous pas le droit de mener partout avec nous une sœur, *une épouse*, comme les autres apôtres et les frères du Seigneur, et Céphas? » I *Corinthiens*, chap. IX-5.

(4) I *Timothée*, chap. III, 3-4.

(5) *Tite*, chap. I, 5.

(6) I *Corinthiens*, chap. VII, 9.

d'Elvire en l'an 306, et il la trancha dans le sens du célibat ; une fois ordonné, le prêtre ne pourra plus se marier, mais un homme marié peut être élevé au sacerdoce, à condition qu'il se sépare de sa femme (1).

Cette prescription ne fut pas suivie, puisque le concile d'Ancyre, en 314, se montre moins sévère et fait une distinction : le diacre n'a-t-il fait aucune réserve au moment de son institution, il ne peut pas se marier, a-t-il au contraire protesté de son intention formelle de prendre femme, il le peut sans s'exposer à l'exclusion du sacerdoce (2).

Le concile de Nicée jeta véritablement les fondements de la foi catholique, il la formula en un symbole qui est la base même du véritable christianisme. Il proscrivit les agapètes (3), c'est-à-dire la réunion en communauté de vierges qui s'associaient avec les ecclésiastiques par un motif de piété ou de charité. Le troisième canon défend au prêtre d'avoir chez lui une συνεισακτος (*subintroducta*), il pourra habiter avec sa mère, sa sœur, sa tante, ou enfin avec des personnes à l'abri de tout soupçon. Cette prohibition, ainsi que le démontre fort savamment Mgr Héfèle, ne s'applique pas au mariage (4). La question fut soulevée, et après une éloquente protestation de Paphnuce, évêque de la haute Thébaïde, qui avait souffert et reçu des blessures pour la foi, le concile « laissa à chaque clerc le soin de décider ce qu'il voudrait faire sur ce point (5). » Certains auteurs mettent donc à tort les canons du concile de Nicée au nombre de ceux qui imposent le célibat.

C'est au concile de Trente (1545-1563) que remonte, sans conteste, cette défense qui fut depuis observée par les Eglises d'Occident (6), mais il est certain aussi que jamais les décrets

(1) Canon XXXIII : « Placuit in totum prohibere episcopis, presbyteris et diaconibus vel omnibus clericis positis in ministerio abstinere se a conjugibus suis et non generare filios : quicumque vero fecerit, ab honore clericatus exterminetur. » Héfèle, *Hist. des conciles*, t. I, p. 147.

(2) Canon X. Héfèle, *loc. cit.*, p. 204.

(3) Voy. Durand de Maillane, *Dictionnaire de droit canonique* : « Verbo *Agapète.* »

(4) Canon III. Héfèle, *loc. cit.*, p. 369.

(5) Héfèle, *loc. cit.*, p. 423.

(6) Session 24, Canon IX. De Reform. matrim. : « Si quis dixerit clericos in sacris ordinibus constitutos, vel regulares castitatem solemniter professos, posse matrimonium contrahere, contractumque validum esse, non obstante lege

dogmatiques de ce concile n'ont été publiés en France. Dans une consultation qu'il publiait en 1564, le docte Du Moulin démontrait : que ledit concile de Trente ne peut et ne doist estre reçu, et que la reception et approbation d'iceluy serait contre Dieu et contre le bénéfice de Jésus-Christ en l'Evangile, contre les anciens Conciles, contre la majesté du Roy et droits de sa couronne et regalles, contre les Edits recents de lui et de ses predecesseurs Roys, contre la liberté et immunité de l'Eglise gallicane, auctorité des Estats et cours de Parlement de ce royaume et juridiction séculière (1). Cet esprit indépendant et fier avait osé attaquer les jésuites, et défendre les droits garantis aux protestants par les édits de pacification : pour le punir d'un acte aussi juste on le jeta en prison, et il ne recouvra la liberté qu'en se soumettant à l'obligation de ne plus rien publier sans la permission du roi. Malgré tout, les parlements s'opposèrent toujours à l'enregistrement de ces canons, et reconnurent que les règles de discipline « constituaient une entreprise sur la juridiction temporelle des princes, et étaient en contradiction avec nos libertés (2). » Cependant, si le mariage d'un prêtre était attaqué devant un parlement, il en prononçait la nullité, s'appuyant sur ces canons du concile de Trente qu'il refusait de sanctionner d'une manière générale. Inconséquence très grande, mais qui se comprend, si l'on se reporte à cette époque où les édits posaient ce principe contraire aux faits qu'il n'y avait plus d'autre religion que la catholique romaine (3).

La Révolution arrive et change complètement l'ancien ordre de choses, elle proclame l'indépendance civile et l'égalité devant la loi (4). L'Etat civil des citoyens n'est plus confié à

ecclesiastico, vel voto, anathema sit. » Voy. Pothier, *Traité du contrat de mariage*, § 116.

(1) *Conseil sur le faict du concile de Trente par Messire Charles Du Molin, docteur es droicts, professeur des saintes lettres, jurisconsulte de France et Germanie, conseiller et maistre des Requestes en l'hostel de la Royne de Navarre.* — A Lyon pour ledit du Molin, 1564, in-8°, 41 pages. Cette consultation fut délibérée à Paris « sur la fin de Febvrier, l'an du Seigneur 1563, selon la computation française. »

(2) *Histoire du droit canonique et du gouvernement de l'Eglise*, par M***, avocat au Parlement, p. 80.

(3) Pothier, *loc. cit.*, § 116. Le préambule de la déclaration du 8 mai 1715, établissait cette fiction légale « qu'il n'y avait plus de protestants en France. »

(4) Au moment de l'élection des états généraux, la question du mariage des prêtres n'est abordée par aucun des cahiers des trois ordres, elle était pourtant nettement posée et vivement discutée dans plusieurs brochures. Rappelons les intéressantes *Observations chrétiennes et politiques sur le célibat*

l'autorité ecclésiastique : « les municipalités recevront et conserveront à l'avenir les actes destinés à constater les naissances, mariages et décès (1); la Constitution « ne considère le mariage que comme contrat civil (2). »

Aucune loi sous l'Assemblée constituante ne s'occupa spécialement du mariage des prêtres; à la séance du 31 mai 1790, Robespierre s'éleva contre le célibat ecclésiastique, et réclama pour les prêtres la liberté de se marier sans quitter le sacerdoce : « Il faut, » s'écria le tribun, « donner à ces magistrats, à ces officiers ecclésiastiques, des motifs qui unissent plus particulièrement leur intérêt à l'intérêt public. Il est donc nécessaire de les attacher à la société par tous les liens... » Cette motion ne fut pas prise en considération ; l'orateur, violemment interrompu, dut quitter la tribune sans avoir terminé son discours (3). La majorité des députés était encore fidèle aux idées religieuses, et n'osait point porter une atteinte aussi rude à la discipline de l'Eglise; elle votait pourtant, quelques jours après, la constitution civile du clergé, malgré les protestations du pape (4).

A partir de ce moment, les événements se précipitent, les prêtres sont divisés en deux catégories, les assermentés et les réfractaires; et, bientôt, la persécution frappe indistinctement les uns et les autres. Consultée à diverses reprises sur la validité du mariage des prêtres, la Convention estime que le régime nouveau a fait table rase de tous les canons anciens : aucune loi, dit-elle, ne peut priver du traitement les ministres du culte catholi-

des prêtres, que l'abbé de Saint-Pierre publiait dès 1734. In-12, 42 pages. Mentionnons : *Lettres d'un provincial sur le célibat ecclésiastique* (1778). — *Les inconvénients du célibat des prêtres*, par l'abbé Gaudin (1781). — *Les prêtres devenus citoyens* (1789). — *A nos seigneurs des Etats généraux. Mémoire d'un curé de campagne.* — *Le cri de la nation à ses pairs rendant les prêtres citoyens*, par Hugon de Bassville (1789). — *Du mariage des prêtres et des religieuses* (1789). — *Motion faite dans l'assemblee générale du district de Saint-Etienne-du-Mont, le 18 décembre 1789*, par l'abbé de Courmont. — Consultez : Chassin, *Le génie de la Révolution*, tome II, p. 261.

(1) Loi des 20-25 septembre 1792.

(2) Constitution du 3 septembre 1791.

(3) Séance de l'Assemblée nationale du 31 mai 1790. *Moniteur*, 1er juin 1790, et *Révolutions de Paris*, par Prudhomme, tome IV, n° 48, p. 548. Consultez Hamel, *Histoire de Robespierre*, tome I, p. 262.

(4) De Pressensé : *L'Eglise et la Révolution française*, pp. 118 et suiv.

que qui se marient (1). Voulant favoriser de telles unions (2), elle édicte la peine de la déportation contre les évêques qui apporteraient, soit directement soit indirectement, quelque obstacle au mariage des prêtres (3); elle déclare nulle toute destitution de ministre du culte catholique qui aurait pour cause le mariage (4); elle oblige les habitants des communes qui auraient refusé de conserver à la tête de la paroisse un prêtre marié, de payer à celui-ci son traitement (5); elle exempte enfin des peines de la déportation et de la réclusion les prêtres qui ont refusé de prêter serment s'ils ont contracté mariage (6). Ce système de protection et de faveur durait encore en 1800; un arrêté des consuls porte que les mesures de rigueur du Directoire exécutif ne s'appliqueront en aucun cas « *aux prêtres qui se seront mariés* (7). »

A la veille du Concordat, les mariages des prêtres étaient non seulement autorisés, ils étaient favorisés; nous avons montré que le premier Consul, en mettant fin à la persécution religieuse, en restaurant les autels, n'avait pas entendu subir les lois de l'Eglise, et donner aux règles de discipline ecclésiastique cette sanction civile qui leur avait été refusée par nos anciens parlements. Nous avons prouvé que les articles organiques étaient étrangers à la question qui nous occupe.

Même silence dans le code civil qui, pourtant, contient la législation complète du mariage. Qu'on ne dise pas que si la prêtrise n'est point rangée parmi les empêchements du mariage, c'est parce que les articles organiques avaient déjà statué sur ce point. Portalis, le négociateur du concordat, fut aussi le rappor-

(1) Décret du 19 juillet 1793. Voyez aussi : Loi du 16 août 1792. Décret du 17 décembre 1792.

(2) Dans ses belles *Etudes sur l'histoire religieuse de la Révolution française*, M. Gazier (p. 224) rapporte que, sur deux mille prêtres qui se marièrent pendant la Révolution, dix-sept cent cinquante prirent femme en 1794 pour éviter la guillotine. Consultez : *Histoire du mariage des prêtres en France, particulièrement depuis 1789*, par Grégoire, ancien évêque de Blois, page 138. — *Histoire de la Constitution civile du clergé*, par Ludovic Sciout, tome IV, p. 475. — *Histoire de la Terreur*, par Mortimer-Ternaux, tome IV, p. 402.

(3) Décret du 19 juillet 1793.

(4) Décret du 12 août 1793.

(5) Décret du 17 septembre 1793.

(6) Décret du 30 brumaire an II (15-20 novembre 1793 — 12 frimaire an II, 2 décembre 1793).

(7) Arrêté du 8 frimaire an VIII (29 novembre 1799).

teur du titre du mariage; se plaçant à un point de vue élevé, se faisant le défenseur de la liberté de conscience, il affirme que la loi qui ne peut forcer les opinions religieuses des citoyens ne doit voir que des Français, comme la nature ne voit que des hommes... Puis il ajoute : C'est d'après ce principe que l'engagement dans les ordres sacrés... qui, dans l'ancienne jurisprudence, était un empêchement dirimant, ne l'est plus (1). En présence de paroles aussi concluantes, Rossi, qui fut ministre de Pie IX, reconnaît que, sous l'empire du code civil, il est impossible à un officier de l'état civil de s'opposer au mariage d'un prêtre; il s'exprime ainsi : Placé en présence de la loi en tant que jurisconsulte, je ne trouve pas de réponse satisfaisante à celui qui se présente à l'officier de l'état civil et lui dit : « Dans un pays de liberté des cultes, d'égalité civile, où les droits des citoyens ne se mesurent pas à leurs croyances religieuses, vous n'avez pas à vous informer d'autre chose que de savoir si je suis citoyen français (2). »

Que reste-t-il aux partisans de la doctrine contraire? Trois circulaires écrites par Portalis, ministre des cultes, et interdisant aux officiers de l'état civil de procéder au mariage des prêtres (3). Ce sont de simples documents administratifs qui ne peuvent ni changer la loi, ni lier le juge, aurions-nous le droit de répondre. Mais leurs termes mêmes sont un argument en notre faveur; la lettre du 14 janvier 1806 reconnaît que cette matière n'a pas été prévue par nos lois, et celle du 30 janvier 1807 ajoute : La loi civile se tait sur le mariage des prêtres. Avant de prendre cette mesure de haute police, le ministre avait consulté le chef de l'Etat; il lui avait demandé, dans un rapport du 28 prairial an XIII, de prendre, dans sa sagesse, des mesures d'administration parce qu'il *n'existait aucun moyen légal d'empêcher l'ecclésiastique de réaliser un projet de mariage civil* (4).

Ce *moyen légal*, Napoléon proposait, en 1813, à son conseil d'Etat, de le préparer. Averti que nombre de jeunes gens entraient dans les ordres avec l'intention de revenir à la vie ci-

(1) Portalis, *Exposé des motifs au corps législatif*. Séance du 16 ventôse an XI. Locré, *Code civil*, tome IV, p. 482.

(2) Rossi, *Droit constitutionnel*, tome II, p. 61.

(3) Circulaires des 14 janvier 1806, 30 janvier, 9 février 1807.

(4) Rapport à l'Empereur sur le mariage des prêtres (28 prairial an XIII) reproduit dans *Discours, rapports et travaux inédits sur le Concordat de 1801*, par Portalis, p. 569. Voyez aussi un second rapport cité par M. le conseiller Merville, *Gazette des tribunaux*, 3 mars 1888. — Conclusions du procureur général Ronjat, *Gazette des tribunaux*, 4 mars 1888. — Plaidoirie de Me Gauthier. Brochure. 1888.

vile et de se marier après avoir échappé à la conscription, il fit élaborer une loi prohibant le mariage des prêtres. Nous reproduisons intégralement la discussion qui eut lieu, le 20 décembre 1813, au conseil d'Etat :

Sa Majesté dit qu'il faudrait aussi une loi sur les prêtres qui se marient... Quel inconvénient y aurait-il à les déclarer bigames ?

M. *Boulay* dit qu'en effet le sacerdoce est une espèce de mariage.

S. M. dit qu'elle a été forcée d'ordonner l'arrestation d'un chanoine de Milan, qui avait enlevé une fille à sa famille et en avait fait sa femme... Elle a fait aussi arrêter huit ou dix prêtres, qui prétendaient se marier, comme de mauvais sujets qui causaient du scandale. Mais ces moyens lui répugnent. Il faut donc des dispositions législatives qui défendent le mariage des prêtres.

M. *Berlier* dit que ces dispositions ne seraient pas sans inconvénient. *Aujourd'hui l'autorité ecclésiastique interdit le prêtre qui se marie, et tout se trouve ainsi consommé dans le sein même de l'Eglise, sans que l'autorité civile s'en mêle...* Ce n'est pas qu'en morale il approuve ces changements ; mais enfin la loi politique les permet, et il ne faut pas affaiblir le grand principe de la tolérance.

S. M. dit que, si la loi ne s'exprime pas, on verra se multiplier ces mariages ; le clergé devient nombreux ; la conscription détermine beaucoup de jeunes gens à se jeter dans les ordres, pour en secouer ensuite les chaînes. Il est bien plus simple, bien plus juste, bien plus utile que la loi défende positivement le mariage à quiconque est engagé dans les ordres sacrés. Il est besoin d'une loi ; les instructions des ministres ne sont pas les tribunaux.

Le Prince archichancelier dit que ce qu'on propose c'est de faire respecter la discipline d'une religion reconnue ; c'est d'empêcher qu'elle ne soit outrageusement violée par des hommes qui ne s'engagent dans les ordres que pour échapper à la conscription.

M. *Bérenger* dit qu'aujourd'hui l'engagement du prêtre *est purement spirituel, et cependant voilà la loi séculière qui va le déclarer civil.*

M. *le comte Jaubert* dit qu'une loi qui interdirait le mariage des prêtres ferait grand plaisir au clergé et même à tous les catholiques.

M. *Regnault* dit que rien n'est plus simple que ce que veut S. M. *L'ordinand ira avec des témoins devant l'officier de l'état civil. Il déclarera qu'il se voue au célibat, et si ensuite il se marie, on lui appliquera les peines de la bigamie.*

S. M. partage cette opinion. Elle charge la section de législation de rédiger un projet pour interdire le mariage aux prêtres catholiques (1).

On le voit, Berlier, Bérenger, respectant absolument la séparation du temporel et du spirituel, s'opposent à tout changement. La proposition est pourtant adoptée, — on délibérait sous l'œil de Napoléon, ses désirs étaient des ordres, — mais l'obligation du célibat n'aurait pas été la conséquence de l'ordination, elle serait résultée *d'une promesse faite avec témoins devant l'officier de l'état civil.* Le projet ne fut pas soumis aux chambres, le code civil conserve toute sa force.

(1) Consultez Dalloz, *Period.*, 1832, II, 46.

Est-il aujourd'hui nécessaire, après l'arrêt de la chambre civile, de provoquer le vote d'une loi permettant en termes formels aux prêtres, et, plus généralement, aux personnes engagées par des vœux perpétuels, de contracter valablement mariage (1)?

Après chaque échec devant la chambre des requêtes de cette cause qui est, selon nous, intimement liée *aux droits de l'homme*, une proposition fut soumise au parlement. Au lendemain du fameux pourvoi Dumonteil, « rejeté à deux voix de majorité, sous la présidence du pieux et romain Lasagni (2), » la question fut portée à la chambre des députés, par Auguste Portalis; un duel oratoire s'engagea entre Berryer et Dupin ; l'ordre du jour pur et simple fut voté (3).

Après l'arrêt du 23 février 1847, une pétition fut adressée à l'Assemblée constituante et renvoyée au comité des cultes qui, lui aussi, conclut à l'ordre du jour par des considérations tirées du concordat et des articles organiques (4). La proposition Raspail fut rejetée par l'Assemblée législative (5).

Quand l'arrêt du 26 février 1878 eut transformé la prêtrise en un empêchement dirimant, M. de Saint-Martin, député de Vaucluse, déposa une proposition ainsi conçue : Il n'est admis d'autres prohibitions au mariage que celles portées au présent code et qui sont limitatives (6). Le rapport sommaire de M. de Marcère n'est pas encore venu en discussion.

Il est inutile, croyons-nous, de modifier le code civil sur ce point ; nous répéterons, avec M. Dupin : Le droit existe, il n'y a pas lieu d'en recommander l'application aux tribunaux : c'est leur devoir de s'y conformer... Si on a commencé par mal juger, on finira par juger mieux (7) ; et, modifiant sa conclusion, nous ajouterons : « *Nous avions une bonne loi, nous avons maintenant un excellent arrêt.* »

(1) Voyez *Le Temps*, n° du 30 janvier 1888, et les *Débats*, 20 janvier 1888.

(2) *Mémoires de Dupin*, tome III, p. 28.

(3) Chambre des députés, 23 février 1833. *Moniteur* du 24.

(4) P. Pradié, *La question religieuse en 1682, 1790, 1802 et 1848*, et *Historique complet des travaux du comité des cultes.*

(5) Séance du 23 janvier 1851. *Moniteur* du 24.

(6) Dépôt. Séance du 10 mars 1879. Exposé des motifs, *Journal officiel* du 27 mars 1879, p. 2572.

(7) Chambre des députés, 23 février 1833. Voyez aussi : *Réquisitoire de Dupin devant la Chambre des requêtes*, rapporté dans Dalloz, 33. 1. 122.

TOULOUSE. — IMP. A. CHAUVIN ET FILS, RUE DES SALENQUES, 28.

www.ingramcontent.com/pod-product-compliance
Lightning Source LLC
LaVergne TN
LVHW020508230826
846091LV00008BA/3407

* 9 7 8 2 0 1 9 2 8 8 9 3 8 *